Why Can't You Look Like Me?

Written by Ola Zuri

Illustrated by Jenn Simpson

Pourquoi ne me ressembles-tu pas?

Écrit par Ola Zuri

Illustration par Jenn Simpson

Translated by Claudia Richard / Traduit par Claudia Richard

Published by Black Oasis Ent.
Kelowna, BC Canada
V1V 2P1

ISBN 978-0-9812073-1-5

Printed in Canada by Lake City Printers, October 2009
Book Design and Text layout by Angela Hook, *BDes*
Illustration by Jenn Simpson
Translated by Claudia Richard / Traduit par Claudia Richard

Have you ever felt like you didn't belong? How did you deal with it?

This story is of a young girl who has been adopted transracially and feels like she doesn't fit in anywhere, even within her own family.

Follow her journey of discovery.

Est-ce qu'il t'est déjà arrivé de te sentir triste parce que tu avais l'impression de ne pas être comme les autres? Qu'as-tu fait?

Ce livre raconte l'histoire d'une jeune fille adoptée inter racialement qui essaie de s'adapter et de trouver sa place dans un monde parfois injuste.

Venez la suivre dans son aventure et ses découvertes.

I look around and all I see, are
people who don't
look like me.

Je regarde autour de moi
et tout ce que je vois,
c'est des gens qui ne me
ressemblent pas.

It's sometimes lonely and
sometimes sad.
Why can't you look like me?
Mom? Dad?
Par moment, je me sens seule
et parfois triste. Pourquoi
même papa et maman ne me
ressemblent-ils pas?

I sit and wonder & sometimes shout,
"Who will play with me? Come out, come out!"

Je reste là et je me questionne et des fois je m'écrie,
« Qui veut jouer avec moi?
Allez, viens, sors! »

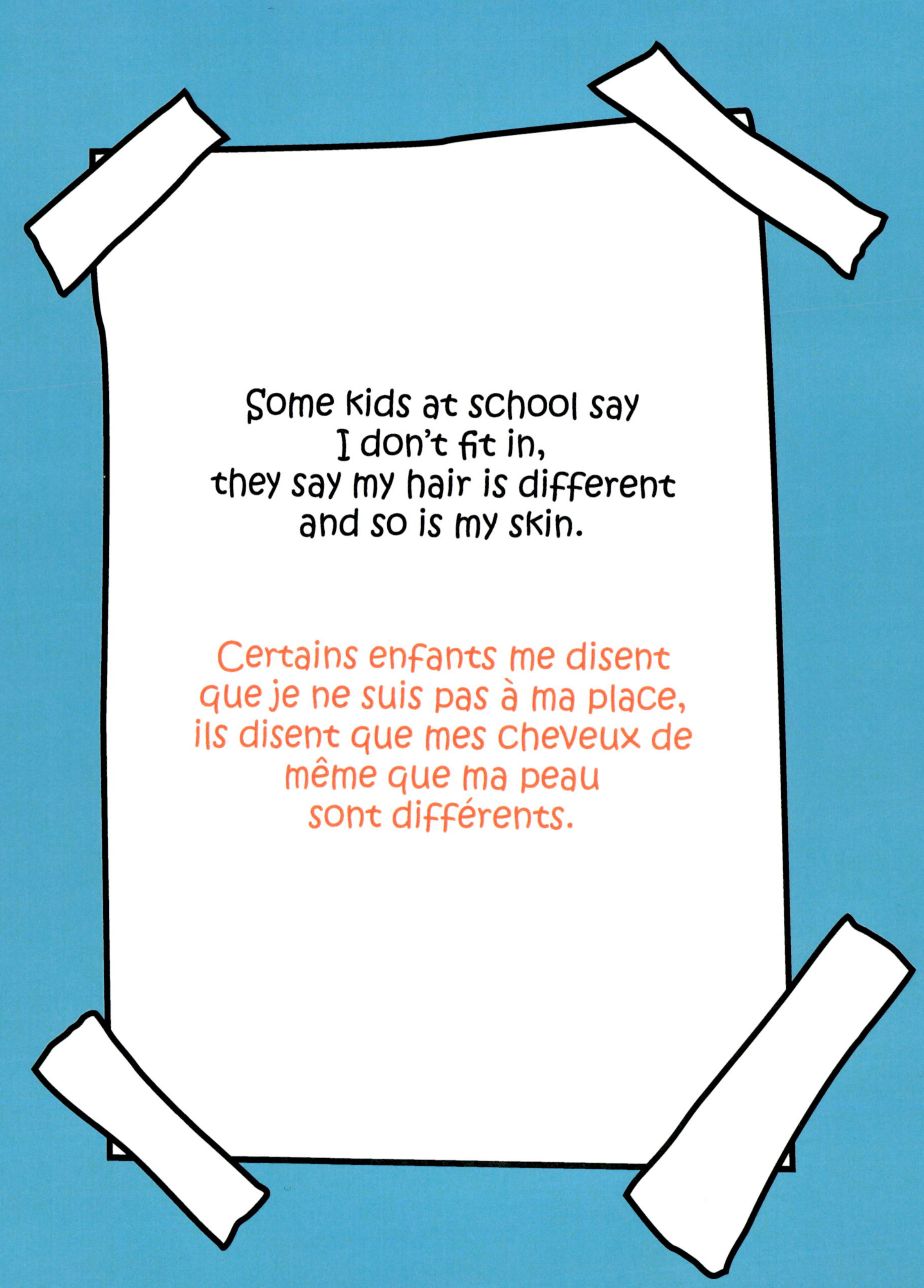
Some kids at school say
I don't fit in,
they say my hair is different
and so is my skin.
Certains enfants me disent
que je ne suis pas à ma place,
ils disent que mes cheveux de
même que ma peau
sont différents.

A B C D E
June
CAT

Why would they say that?
I did nothing wrong.
What gives them the right to say I don't belong?

Pourquoi disent-ils cela? Je n'ai
rien fait de mal.
De quel droit peuvent-ils me dire
que je suis une étrangère?

My feelings get hurt when mean things are said.

I feel sad each night when I go to bed.

Cela me blesse lorsqu'on me dit des méchancetés.

Je me sens triste chaque soir lorsque je vais me coucher.

Love
Pens

MAIL
SOLD
MAIL
UP

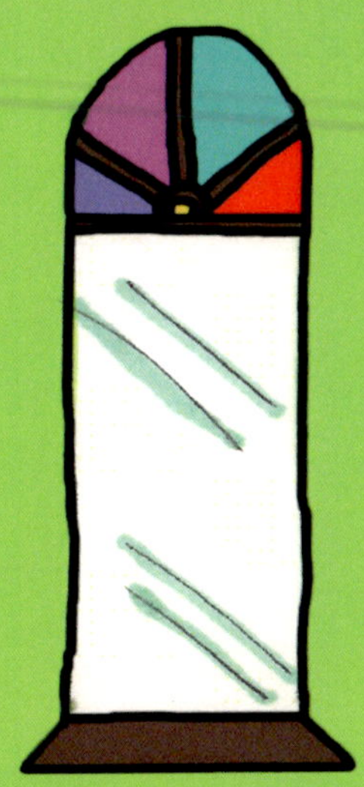

Then one day, just new to town, another young person who is brown.

Puis un jour, un autre enfant à la peau brune est déménagé en ville.

My eyes open and my smile is wide,

Les yeux grands ouverts et le sourire fendu jusqu'aux oreilles,

I clap, jump, and then...

je tape des mains, je saute de joie et puis

...run to her side.

j'accours à sa rencontre.

I welcome her and
she welcomes me,
it feels so great to be so free.
Je lui souhaite la bienvenue et
elle m'accueille chaleureuse-
ment, on se sent tellement bien
d'être si libre.
MAIL

The time we share and laugh together,
the friendship we have will last forever.

Les moments et les éclats de rire que nous partageons ensemble et l'amitié qui nous lie c'est pour la vie.

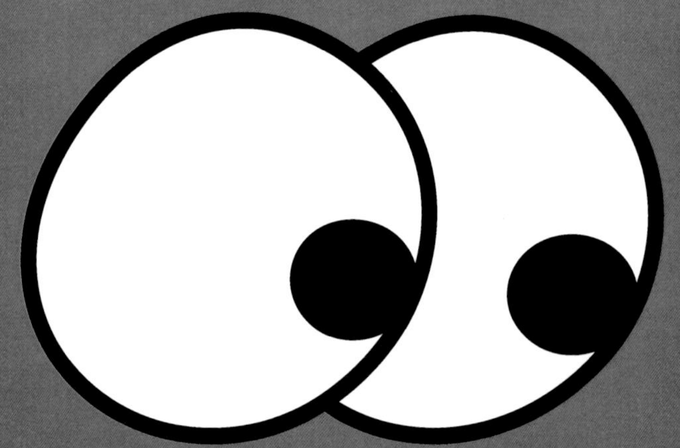

Those kids at school just look at us,
there is no reason for them to fuss.
Les enfants à l'école nous observent,
il n'y a pas de raison pour eux de nous embêter.

F G H I J
1-1=0
2-1=1
Birthdays Today
Anna
Cam

My friend and I, we have no shame,
no matter what, we are the same.

Mon amie et moi n'avons plus honte,
quoiqu'il arrive, nous sommes pareils.

I see now how life is a test,
I know that I really am the best.

Je vois désormais que la vie est un défi, je sais que je suis vraiment la meilleure.

What matters now is to move ahead,
by believing in myself and not what is said.
Ce qui est important maintenant, c'est
d'aller de l'avant, en ayant confiance en moi,
peu importe ce que l'on dit.

The time has come for all to see,
that I'm okay with being me.

Le temps est venu pour tous
de voirque je suis fière d'être,
qui je suis.

I'll join together in
harmony,
by being strong in
my diversity.

Je veux vivre en
harmonie tout en
étant forte de ma
diversité.

WHAT DO YOU THINK...

Que pensez-vous...

1. Why is the little girl sad? Do you ever feel sad? What makes you feel better?
   Pourquoi la petite fille est-elle triste? Est-ce que tu te sens triste parfois? Qu'est-ce qui te console?

2. Are the children in the story being nice? Why do you think that? Are you nice to people?
   Est-ce que les enfants de l'histoire sont gentils? Pourquoi pensez-vous cela? Êtes-vous gentils avec les gens?

3. How many boys are in the story? How many girls are in the story?
   Combien y a-t-il de garçons dans l'histoire? Combien y a-t-il de filles dans l'histoire?

4. Where is the stuffed bunny rabbit in the story and what colour is it?
   Où est le lapin en peluche dans l'histoire et quelle couleur est-il?

5. Should you believe in yourself or believe what others say?
   Devriez-vous croire en vous ou en ce que les autres disent?

"Always believe in who you are inside!"

« Fais toujours confiance à la personne au fond de toi! »